KB261177

열한 살의 한잘라

A Child in Palestine

열한 살의 한잘라

지은이 | 나지 알 알리
서문 | 조 사코
각 장 소갯글 | 압둘 하디 아야드
옮긴이 | 강주헌
펴낸이 | 김성실
기획편집 | 최인수 · 여미숙 · 이정남 · 김성은 · 김선미
마케팅 | 곽홍규 · 김남숙
제작 | 한영문화사

초판 1쇄 | 2012년 11월 1일 펴냄

펴낸곳 | 시대의창
출판등록 | 제10-1756호(1999. 5. 11.)
주소 | 121-816 서울시 마포구 동교동 113-81(연희로 19-1) 4층
전화 | 편집부 (02) 335-6125, 영업부 (02) 335-6121
팩스 | (02) 325-5607
이메일 | sidaebooks@hanmail.net

ISBN 978-89-5940-247-2 (03300)

책값은 뒤표지에 있습니다.
잘못된 책은 바꾸어 드립니다.

팔레스타인의 양심, 나지 알 알리 카툰집

열한 살의 한잘라

나지 알 알리 지음 | 조 사코 서문 | 강주헌 옮김

시대의창

일러두기

– 그림에 아랍어가 있는 경우, 아랍어를 한글로 번역해 넣은 동일한 그림을 오른쪽 면에 배치했다.
　다만, 아랍어가 그림에 있는 영문과 같은 뜻인 경우 굳이 따로 번역하지 않았다.

– 본문의 모든 주는 옮긴이나 편집자가 단 것이다. 각 장 서두의 소갯글 주는 그 글 끝에, 각 만평 작품에 대한 주는 각 장의 마지막에 정리되어
　있다.

– 만평에 대한 이해를 돕기 위해 편집자가 덧붙인 설명글은 ‘[ ]’로 구분했다.

– 이 책에 실린 만평이 처음으로 발표된 매체는 다음과 같다.
　　아스 사피르as-Safir(레바논) : 18, 20, 21, 22, 23, 25, 30, 45, 49, 50, 60, 64, 66, 67, 74, 75, 76, 77, 83, 84, 85, 86,
　　　93, 102, 103, 104, 105, 106, 108, 110, 112, 114, 116, 117, 118, 121, 122, 123, 138, 139, 149, 151, 156, 157쪽, 뒤표
　　　지 그림(1980년 7월)
　　알 와탄al-Watan(쿠웨이트) : 68, 80, 81, 128쪽
　　알 카바스al-Qabas(쿠웨이트) : 16, 17, 24, 32, 33, 48, 52, 54, 56, 57, 58, 59, 62, 65, 78, 82, 88, 120, 124, 126, 129,
　　　130, 131, 140, 142, 155쪽
　　알 카바스 인터내셔널al-Qabas International(영국) : 26, 28, 36, 38, 39, 87, 89, 127, 132, 143, 144, 145, 146, 147, 148,
　　　150, 152, 154쪽
　　알 세야사al-Seyassah(쿠웨이트) : 34, 40, 46, 90, 92, 95, 96, 100, 101쪽
　　알 셰라al-Sheraa(레바논) : 94, 119, 141쪽

감사의 글

각 장이 시작하기 전에 소갯글을 써 준 압둘 하디 아야드Abdul Hadi Ayyad, 만평에 통찰력 있는 설명글을 더해 준 마흐무드 알 힌디Mahmoud al-Hindi에게 진심으로 감사의 말을 전하고 싶다. 이 책에 실릴 만평을 선별하는 일부터 시작해 처음부터 끝까지 소중한 지원을 아끼지 않은 무함마드 알 아사드Mohammed al-Asaad와 하니 알 하다드Hani al-Haddad에게도 감사한다.

만평을 선별하는 것에서부터 이 책 자체를 예술적으로 꾸미는 데 도움을 준 하니 마즈하르Hani Mazhar, 각 장의 소개글을 편집한 파이살 벤 카드라Faisal Ben Khadra, 이 책을 출간하는 계획에 조언을 아끼지 않은 엘리아스 나스랄라Elias Nasrallah에게도 많은 빚을 졌다.

칼리드 알 알리Khalid al-Ali[*]

[*] 나지 알 알리의 아들.

서문

조 사코 Joe Sacco

나는 팔레스타인에서 가장 유명한 만화가 나지 알 알리에게 큰 빚을 졌다. 그가 런던에서 암살당하고 수년이 지난 후에야, 나는 그에 대한 얘기를 처음 들었다. 훗날 만화책《팔레스타인*Palestine*》으로 묶여 나온 만화들의 자료를 수집하기 위해서 1990년대 초 점령 지역을 처음 방문했을 때, 팔레스타인 사람들에게 그들의 얘기를 만화로 그릴 거라고 솔직하게 말하기가 다소 어려웠다. 그들의 억압받는 실상을 진부한 얘기로 전락시킨다고 생각할까 두려웠다.

하지만 쓸데없는 걱정이었다. 내 의도를 밝히기 무섭게, 그들의 얼굴에서 얼마든지 이해한다는 미소를 읽어 낼 수 있었다.

"물론입니다! 우리나라에도 나지 알 알리라고 유명한 만화가가 있었거든요!"

그런 만남들을 통해서 나는 알 알리라는 사람이 길을 이미 잘 닦아 놓았다는 사실을 조금씩 깨닫기 시작했다. 그는 거의 숭배에 가까울 정도로 큰 존경을 받았다. 이런 얘기도 들었다.

"그는 모두를 비판했습니다. 이스라엘만이 아니라 팔레스타인해방기구PLO와 아랍 정권들까지 비판했습니다. 누가 그를 살해했는지는 아무도 모릅니다. 모두가 혐의자입니다."

나는 알 알리가 창조해 낸 주인공, 한잘라에 대해서도 소개받았다. 이스라엘의 잔혹성과 아랍의 위선을 꿰뚫어 보는 한잘라는 가난하지만 올곧은 팔레스타인 소년으로, 거의 언제나 뒷모습만 그려졌다.

"한잘라는 팔레스타인 국민을 대표합니다. 한잘라가 바로 우리입니다."

그 얘기를 듣고 난 후로 나는 어디에서나 한잘라의 모습을 찾아낼 수 있었다. 한잘라는 담에도 그려지고 여성의 장신구로도 만들어졌다. 한 난민의 콘크리트 벽돌집을 방문했을 때 누군가 벽에 걸린 초상화를 내게 가리켰다. 한잘라의 아버지, 나지 알 알리의 초상화였다.

나지 알 알리는 1936년인가 1937년에 갈릴리의 알 샤자라라는 마을에서 태어났다. 하지만 1948년 전쟁으로 이스라엘이 탄생하면서 그는 수십만 팔레스타인 사람들과 함께 고향에서 쫓겨났다. 그의 가족은 레바논 남부에 있는 아인 알 헬웨 난민촌에 정착했다. 고향에서 쫓겨난 수많은 팔레스타인 사람들의 운명이었던 불결하고 가난한 환경에서 성장하면서, 그는 곧 정치적인 의식을 갖게 되었다. 훗날 그가 말했듯이, "무슨 일이 우리 지역에서 벌어지는지 깨닫고, 우리 지역의 혼란을 의식하게 되면서 나는 어떻게든 뭔가를 해야겠다고 다짐했다." 그는 가두행진과 시위에 적극적으로 참여해 분노를 터뜨렸고, 그로 인해 옥고를 치르기도 했다. 철창에 갇힌 시기에 그는 자신의 예술적 감수성에 걸맞는 자기표현의 수단으로써 정치를 풍자하는 그림을 그리기 시작했다. 또한 같은 식으로 난민촌의 벽과 담을 아름답게 꾸몄다. 이런 미학적인 작업을 남들에게 인정받자 그는 레바논

예술학교에 잠시 다녔지만, 돈이 없어 도중에 그만두고 말았다. 1960년대 초 자기 재능을 발휘할 기회를 잡을 수 없었던 많은 팔레스타인 청년이 그랬듯이, 알 알리도 새로이 독립한(1961년) 쿠웨이트로 이주했다. 당시 쿠웨이트는 원유 생산으로 번창하던 때였다. 그는 1970년대 초까지 쿠웨이트에서 살며 여러 잡지사에서 일했다. 하지만 쿠웨이트에서 지낼 때 그는 '사치스런 삶에 매몰되는' 자신을 인식하게 됐고, 그때 그의 표현대로 "언제나 팔레스타인 민중의 마음을 정직하게 대변하는 팔레스타인 사람"인 한잘라를 탄생시키기에 이르렀다. 가난하고 힘없는 팔레스타인인의 전형을 보여주는 캐릭터를 창조해 내려고 고민하면서, 알 알리는 본래의 냉정을 되찾았다. 그에게 한잘라는 "내가 나태의 나락에 빠지지 않도록 감시하는" 독립된 도덕적 존재였다.

레바논으로 돌아간 알 알리는 일간지 《아스 사피르*As-Safir*》에 만평을 그렸는데, 모든 그림의 전면前面에 한잘라를 등장시켰다. 이스라엘의 억압적이고 폭력적인 만행만이 아니라 아랍 세계의 부패와 불평등을 응시하는 모습이었다. 중동의 핍박받는 사람들을 짓밟고 함부로 대하는 자들은 누구나 알 알리의 표적이었다.

"나의 일은 이집트와 알제리의 난민촌에서 고생하는 내 동포와, 자신의 생각을 제대로 표출할 기회가 없는 중동 전역의 힘없는 아랍인들, 한마디로 민중을 대신해서 목소리를 높이는 것이다."

그의 통렬한 비판은 언제나 정치적인 색채를 띠었는데, 알 알리의 독자들은 한잘라 덕분에 그 비판들을 더욱 실감나게 받아들였다. 알 알리는 "한잘라는 실제로 못생겼다. 보통의 여자라면 누구도 한잘라 같은 아이를 옆에 두고 싶어 하지 않을 것이다"라고 인정하기도 했다. 어쩌면 이런 이유에서 한잘라는 가난한 팔레스타인 사람들에게 더욱 사랑스런 상징으로 받아들여졌을지도 모른다. 그들은 한잘라를 통해 자신들이 그 누구도 원하지 않는 가난한 중동의 고아라는 현실을 절감했을 것이다. 그러나 한잘라는 특별한 데가 있었다. 한잘라는 모든 것을 알고 있었다.

조용히 서 있는 한잘라의 자세에 독자들은 더욱 매료됐을 것이다. 한잘라는 놀라거나 충격을 받아 움츠리지 않는다. 뭔가를 세심하게 살펴보는 것처럼 언제나 뒷짐을 진 자세다. 한잘라의 뒷모습은 "나한테는 신경 쓰지 마시오. 나는 멀찌감치 떨어져서 지켜보고 기록할 뿐입니다. 그래서 당신들이 무얼 하는지 정확히 알고 있습니다"라고 말하는 듯하다.

레바논이 내전과 이스라엘의 공격에 시달리던 1970년대, 알 알리는 자신이 전성기에 이르렀다는 걸 깨달았다.

"나는 매일 펜으로 현실에 맞섰다. 나는 한 번도 두려워해 본 적이 없었다. 실패를 생각하거나 절망감에 사로잡히지도 않았다. 나는 굴복하지 않았다. …… 베이루트(레바논의 수도)에서 일한 덕분에 나는 난민촌의 가난하고 학대받는 사람들에게 다시 가까이 다가갈 수 있었다."

1982년, 이스라엘이 PLO를 완전히 괴멸할 기세로 레바논을 침공했다. 베이루트에 있던 사브라와 샤틸라 난민촌을 이스라엘 군인들이 완전히 봉쇄했고, 이스라엘계 레바논 기독교 무장조직이 난민촌에 들어가 팔레스타인 난민 수백 명을 학살했다. 알 알리는 가슴이 무너지는 기분이었다. 그는 쿠웨이트로 돌아갔다. 당시에 그린 만평들의 일부에서는 한잘라마저 냉정을 잃은 모습이다. 한잘라는 두 손을 높이 치켜들고 분노를 드러냈다. 한잘라는 돌까지 던졌다. 알 알리의 만평은 아랍 엘리트들을 오랫동안 괴롭혔다. 그들에게 알 알리는 눈엣가시 같은 존재였다. 결국 알 알리는 쿠웨이트에서 추방되어 런던으로 이주할 수밖에 없었다.

그때쯤 알 알리는 유명인사였다. 그의 만평은 아랍 세계 전역과 런던에 실렸다. 그는 죽음의 위협을 무릅쓰고 중동의 압제자들과 특권층에게 비판의 화살을 연이어 날렸다. 1987년 7월 22일, 그는 쿠웨이트 일간지《알 카바스al-Qabas》의 런던 지국으로 걸어가던 길에 누군가가 쏜 총에 머리를 맞았다. 그는 5주 동안 혼수상태에 빠졌고 결국 세상을 떠났다. 겨우 쉰 살 안팎인 때였다. 살인자의 신원은 아직까지 밝혀지지 않았다.

나지 알 알리는 지금도 여전히 아랍 세계, 특히 팔레스타인 사람들의 영웅이다. 그들은 팔레스타인의 위대한 시인들을 언급할 때와 똑같이 애틋한 마음으로 그의 이름을 입에 올린다. 그가 창조해 낸 한잘라는 지금도 팔레스타인 사람들의 상징이며, 앞으로도 그럴 것이다. 안타깝게도 중동을 짓누르는 폭력과 절망이 지금까지도 멈추지 않아 한잘라가 보고 고발해야 할 것이 너무 많다.

조 사코

차 례

감사의 글 _005

서문 _006

1 팔레스타인 _013

2 인권 _043

3 미국의 지배와 석유 그리고 아랍의 결탁 _071

4 평화회담 _097

5 저항 _135

옮긴이의 글 ─ 만평의 힘 _159

옳다고 믿는 바를 계속 그려야만 한다.

육체적으로 죽는다고 내가 죽는 것이 아니다.

내가 확신하지 못하는 것을 그린다면 죽은 것이나 마찬가지다.

그들이 내게 그리라고 하는 것을 그리고 그들과 같은 방식으로 세계를 보게 된다면,

그건 육체적인 죽음보다 더 힘든 일이 될 것이다.

— 나지 알 알리

1

팔레스타인

"나지 알 알리의 만평은 언제나 진실을 가리키는 나침반과 같았다. 그 진실은 언제나 팔레스타인일 것이다."

이라크의 시인이며 나지 알 알리의 오랜 친구였던 아흐마드 마타르Ahmad Matar는 알 알리가 아랍 세계의 독자들에게 갖는 의미를 위와 같은 말로 요약했다. 20세기 전반기에 팔레스타인 선주민들에게 일어난 일을 모르는 사람들은 나지 알 알리의 만평만이 아니라 오늘날 중동 전체의 상황을 완전히 이해하기는 어려울 것이다. 19세기 말부터 시작된 시온주의 운동Zionist movement●은 역사적으로 팔레스타인이라 불리던 땅 전체에 유대인만을 위한 국가를 건국하려 하면서, 팔레스타인 국민의 고국에 대한 양도할 수 없는 권리를 철저히 무시했다. 결국 1948년 그 땅에 이스라엘이 건국되었고, 이스라엘은 중앙집권적 경제계획을 추진하며 토착민이던 팔레스타인 사람들에게서 토지와 자원 및 경제적 기회를 빼앗았을 뿐 아니라, 팔레스타인의 문화적 지배권까지 박탈했다. 이런 박해는 팔레스타인 마을들에 대한 야만스런 공격으로 이어지며 극에 달했고, 이스라엘은 월등한 군사력을 앞세워 팔레스타인 사람들을 대대적으로 추방하고 시온주의자들을 그곳에 정착시키는 프로젝트를 추진했다. 팔레스타인 사람들은 고향에서 쫓겨나 난민이 되고 말았다. 유예기간도 없이 쫓겨나서 고향이라 부를 만한 새로운 땅을 찾아내지 못했기 때문이다. 팔레스타인 공동체는 영국의 위임 통치가 끝나고 이스라엘이 건국된 1948년쯤 이미 역동적이고 복잡한 사회를 이루고 있었지만, 그들의 땅에서 쫓겨나 유엔의 관리하에 이웃 나라들에 준비된 난민촌, 이스라엘 건국을 기다리던 유대인들에게 제공됐던 바로 그 난민촌에서 산산조각난 삶을 봉합해야만 했다.

어린 시절에 팔레스타인을 떠난 나지 알 알리와, 그 시대를 함께한 동포들은 고향을 또렷하게 기억하고 있었다. 감귤나무들의 향기, 돌집과 밭의 정경을 잊을 수 없었다. 팔레스타인은 이제 그들의 땅이 아니었다. 집을 잃고 쫓겨난 팔레스타인 사람들의 후세에게도 집단 기억에만 남아 있는 고향이 될 운명이었다. 하지만 어린 시절에 고향에서 쫓겨난 나지 알 알리를 비롯한 모든 팔레스타인인에게, 1948년의 팔레스타인 '나크바'(재앙)는 그들의 가슴에 생생하고 뚜렷하게 새겨졌다. 알 알리가 되풀이해서 말했듯이, 이런 이유에서 한잘라는 언제나 11세 소년으로 그려졌다.•• 알 알리의 만평에서 신랄하면서도 누구나 쉽게 이해되는 도덕성이 찾아지는 이유도 여기에 있다.

알 알리의 일일 만평을 하나씩 따라가다 보면, 반항적인 어린 팔레스타인 난민의 눈으로 세상을 보게 된다. 도덕적으로 명료하다는 것이, 그의 그림들을 편하게 대할 수 있다는 뜻은 결코 아니다. 그의 만평들은 팔레스타인 난민들에게 닥친 고통을 직설적이고 진실되게 표현한 역사적 기록이다. 1948년 이후 팔레스타인 난민들은 여러 아랍 국가들이 가한 엄격한 규제를 꿋꿋하게 견뎌 냈지만, 난민들은 1967년 고국의 남은 땅마저 이스라엘의 수중에 떨어지는 걸 멀리서 지켜봐야 했다.••• 시온주의자들이 팔레스타인 점령 지역에 정착촌을 불법적으로 건설해 나가는 동안, 이웃한 아랍 국가들은 쫓겨난 팔레스타인 난민들에게 일시적으로라도 적절한 거주지를 제공하지 못했고, 팔레스타인 문제를 해결하기 위한 성실한 지원자 노릇도 하지 않았다.

이런 와중에도 한잘라는 결코 흔들리지 않는 관찰자로서의 역할에 충실했다. 국제법이 원칙 없이 고무줄처럼 적용되면서 팔레스타인 사람들을 대변하는 목소리가 줄어들었지만, 한잘라는 어린 시절의 팔레스타인을 한시도 잊지 않았다. 한잘라는 늙을 수가 없었다. 한잘라마저 늙는다면 난민들의 처참한 상황이 당연시되기 때문이었다. 알 알리의 세대에 속한 팔레스타인 난민들 사이에 떠돌던 이야기를 빌려 말하자면, 그들은 자기 땅이 아닌 곳에서 난 과일은 손도 댈 수 없었다.

이 장의 만평들에서 볼 수 있는 것은 한 어린아이의 맑고 움츠러들지 않는 시선만이 아니다. 결코 이 땅에서 사라지지 않겠다는 팔레스타인 사람들의 순박하면서도 단호한 의지, 그리고 그들만의 역사를 기록하고 남기려는 집요함도 읽혀진다.

* 시온주의 운동 : 유대인들의 민족 국가 건설을 위한 민족주의 운동.
** 한잘라의 나이가 명확하지는 않으나, 알 알리의 아들 칼리드에게 확인한 바로는 11세가 가장 정확하다.
*** 3차 중동전쟁 : 1967년 6월에 벌어진 이스라엘과 아랍 연합 간의 전쟁. 이스라엘이 승리함으로써 동예루살렘과 가자 지구, 웨스트뱅크(서안) 등이 이스라엘 점령하에 놓이게 되었다.

알 알리는 팔레스타인 사람들의 고통을 그리스도의 시련에 비유했다. 팔레스타인 사람들에게도 성모 마리아가 아기 예수를 품에 안은 성모자상은 낯익기 때문이다. 십자가 옆에 나란히 놓인 초승달은, 팔레스타인에서는 기독교인과 무슬림이 똑같이 고통받는다는 사실을 의미한다. (1984년 12월)

눈물짓는 팔레스타인 여자에게 철조망은 가혹한 현실을 의미하지만, 그녀는 결코 희망의 끈을 놓지 않는다. (1987년 1월)

بيت لحم

나지 알 알리는 예수가 팔레스타인 사람이라고 말한다. 모든 팔레스타인 사람들과 마찬가지로, 예수도 베들레헴*에 있는 고향집에
돌아가기를 꿈꾼다. (1982년 4월)

어머니의 눈물이, 이스라엘의 공습에 불구가 된 아이를 치유한다. (1981년 7월)

팔레스타인 사람들은 1948년 이스라엘에 의해 쫓겨날 때 집열쇠를 갖고 떠났다. 이 그림에서 한잘라는 고향을 꿈꾼다. 열쇠들이 철조망에 걸린 것은 팔레스타인인의 귀향권에 대한 이스라엘의 거부를 뜻한다. (1974년 1월)

이스라엘 공습에 희생당한 사람들이 적에게 저항하며 자신의 권리를 지키기 위해 일어선다. (1982년 7월)

고향에서 쫓겨난 팔레스타인 사람들을 가둔 철조망이 언젠가는 바뀔 것이고, 그때 팔레스타인 사람들의 고통도 끝날 것이다.
(1981년 3월)

철못으로 십자가에 고정된 팔레스타인 소녀의 땋아 늘인 머리칼은 팔레스타인 난민들의 끝없는 고통을 의미한다. (날짜 미상)

영화는 끝났지만, 팔레스타인 난민들의 고통은 여전히 현재진행형이다. (1980년 7월)

التأشيرات
تأشيرة دخول

팔레스타인 난민들에게 비자가 발급되더라도 그들의 종착역은 결국 망명자 수용소다. (1986년 7월)

مقبرة الغربه

불화, 향수, 소외…… 팔레스타인 난민들의 공동묘지. (1986년 7월)

المستوطنات

팔레스타인 땅을 강탈해 불법으로 정착촌을 짓는 이스라엘. 자신의 어린 묘목을 지키려는 팔레스타인 농민은 이스라엘 불도저에 의해 쫓겨난다. (1980년 11월)

미국 성조기와 유엔 결의안 242호●를 상징하는 유니폼을 입은 아랍 연합 '축구팀'이, 벽돌을 쌓아 막은 이스라엘 골문에 슛을 시도한다. (1983년 9월)

팔레스타인 지도부가 언론을 통해 승리를 선언하고 있다. [이는 실제로는 이스라엘의 만행에 대해 아무것도 하지 않으면서 언론 선전만 해대는 지도부를 비꼰 것이다.] 앞날을 내다보고 분리장벽●을 쌓았던 이스라엘은 팔레스타인 땅을 계속 강탈하며 불법으로 정착촌을 건설한다. (1984년 1월)

محادثات السلام
المستوطنات

협상장에는 입구가 없다. 팔레스타인 점령 지역에 불법으로 건설한 이스라엘 정착촌들이 평화회담의 운명을 결정한다.
(1978년 12월)

OUT
242
المؤتمر الدولي

242
المؤتمر الدولي
IN

(오른쪽에서 왼쪽으로) 진행 중인 국제 평화회의 : 땅을 강탈해서 정착촌을 건설한 이스라엘의 불법 행위는 전혀 조사되지 않고 기정 사실화된다. [아랍 정치인이 전통 복장인 '쿠피예'(얼굴이나 머리에 두르는 아랍식 스카프, 148쪽을 참조할 것)를 입지 않고 서구를 따라 하고자 중절모와 넥타이를 맸다. 이 아랍 정치인은 자기가 국제 평화회의에 초대되었다고 생각하지만, 그를 맞는 것은 "Out"이라 고 적힌 벽이다. 알 알리는 이 회의가 무의미하다는 것과 아랍 정치인들이 민중의 염원을 실현시키려 하지 않는다는 점을 꼬집었 다.] (1987년 3월)

이스라엘 간수의 감시하에 단식투쟁하던 팔레스타인 정치범이 후투티에게서 위안을 얻는다. 후투티는 자유를 상징하는 새다.
(1987년 4월)

팔레스타인 농민들이 이스라엘에게 점령당한 땅에서 AK-47 소총으로 땅을 일구고, 하트 모양의 씨앗을 뿌린다. 팔레스타인 사람들의 이스라엘에 대한 저항과 땅을 향한 뜨거운 사랑을 상징하는 그림이다. (1987년 4월)

عائدون

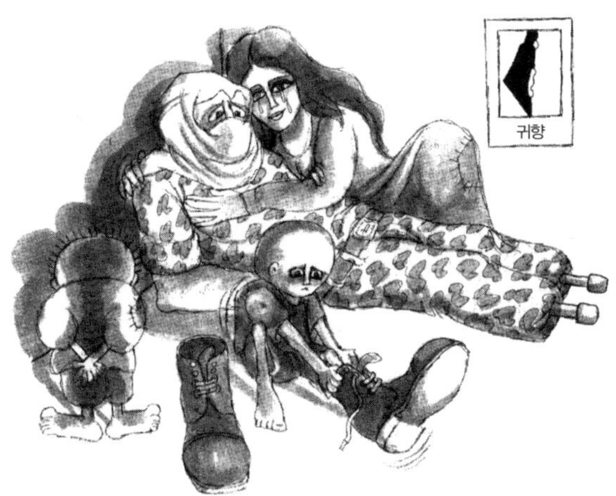

우리는 반드시 돌아갈 것이다 : 한 팔레스타인 아이가 투쟁을 계속하기 위해 아버지의 군화를 신는다. (1978년 12월)

019 ● 베들레헴 : 예루살렘 남쪽에 있는 마을. 예수의 고향이다.

032 ● 유엔 결의안 242호 : 3차 중동전쟁이 발발한 지 5개월 만인 1967년 11월에 유엔 안보리에서 채택한 결의안. '이스라엘은 3차 전쟁 이전의 영토로 물러나고, 그 대신 아랍국들은 이스라엘을 한 국가로 인정한다'는 것이 핵심 내용이었다. 이를 바탕으로 1979년에는 이집트―이스라엘 평화협정, 1994년에는 요르단―이스라엘 평화협정이 체결되었다.(출처 : 홍미정 · 서정환,《울지 마, 팔레스타인》, 시대의창, 2011년, 25쪽)

033 ● 분리장벽 : 예루살렘, 가자 지구 등지에서 팔레스타인인 거주 지역을 고립시키기 위해 그 주변을 둘러 쌓은 장벽.

2

인권

옛 고향에 돌아갈 수 없었던 팔레스타인 난민들은 인접한 국가들과 그 너머로 뿔뿔이 흩어졌다. 이때 나지 알 알리는 그들의 불행과 이웃 국가 국민들의 불행을 비교할 기회를 얻었다. 언론이 탄압받고, 종파주의와 여성차별이 만연하고, 노동자들이 자유롭게 조직을 결성하지 못하는 지역에서는 팔레스타인인이란 족쇄도 억압받는 많은 원인 중 하나일 뿐이었다. 팔레스타인의 주장을 도외시하는 많은 적들은 아랍 사회의 이런 뿌리 깊은 결함을 지적하며, 설령 팔레스타인이 독립된 국가로 성립되더라도 똑같은 문제에서 벗어나지 못할 거라고 완곡하게 말했다. 나지 알 알리는 이런 사고방식에 반론을 제기했다. 그는 팔레스타인을 사랑하는 애국자로서, 민중이 겪는 끝없는 고통을 그림으로 표현해 세상에 알리는 데 혼신을 다했다. 아랍 세계에서 인간성까지 말살당하는 정치범들의 참혹한 상황, 사형제도, 석유가 펑펑 솟아나는 걸프만을 바로 옆에 두고도 지독한 가난에 시달리는 대다수 아랍인들……. 이 모든 것이 나지 알 알리의 면도날처럼 예리한 펜으로 그려졌다.

알 알리는 아랍 세계의 정치 참여자 중에서 희귀한 존재였다. 그는 정치적 이상 실현을 위해 혼신을 다해 헌신

하면서도, 특정한 정치조직에 가담하지 않았다. 그는 1950년대 초부터 범아랍주의Pan-Arabism*를 지지한 것으로 알려져 있다. 언론에 대한 정부의 통제가 극심한 지역에서, 알 알리는 비판받아 마땅한 곳을 비판하는 데 타협하지 않았다. 아랍 정부와 지배 계급 들이 중세의 형법을 팔고 다니는 신권주의자들, 그리고 끊임없이 간섭하는 미국과 어떻게 직간접적으로 결탁하고 한통속이 되는지, 어떻게 아랍 세계의 참담한 인권 상황을 빚어 내는지를 알 알리의 만평은 보여 주었다.

나지 알 알리의 만평은 시간을 초월한다는 점에서 더욱 큰 가치를 갖는다. 만평에 담긴 표현의 적절함은 시간이 지나면서 퇴색하기는커녕 더욱 뚜렷해지는 듯하다. 팔레스타인의 대의에 대한 확고한 신념을 꿋꿋하게 유지하면서, 아랍 민중을 괴롭히는 복잡한 문제들을 펜으로 탁월하게 전달한 그의 뛰어난 능력 덕분이다. 그는 아랍 세계의 대의에 충실하게 화답하며, 자신의 예술적 재능을 십분 발휘해 아랍 민중을 의식화하는 데 일조했다.

정치 만평이 무기는 아니지만, 알 알리의 만평은 다양한 형태의 저항을 통해 중동을 혁명적으로 바꿔야 한다는 절박한 필요성을 분명하게 드러내 주었다. 다채롭고 복잡하기 이를 데 없는 중동의 삶이 알 알리의 만평을 통해 생생하게 드러나며, 독자의 마음을 뒤흔들어 놓는 의문을 제기한다. 참여의 한계는 어디까지일까? 가난한 사람들이 내몰리면 어디까지 저항할 수 있을까? 가난한 아랍 사람들이 그들의 땅에 묻힌 막대한 자원에 대해 어떤 권리를 요구할 수 있을까? 자유를 얻기 위해 분투하는 민족이 오히려 자민족 대다수의 기본적인 인권마저 박탈한다면, 민족 해방이 어떻게 가능할 수 있을까? 많은 사람이 이런 의문들을 마음속에 막연하고 어렴풋하게 품는 데 그치지만, 한잘라는 답을 찾기 위해 자신의 무기를 단단히 움켜잡을 각오가 되어 있다고 당당하게 밝힌다.

* 범아랍주의 : 모든 아랍민족의 해방과 통일을 추구하는 사상이나 운동.

이름도 얼굴도 없는 아랍 민중이 자기 나라 정권에 의해 범죄자로 전락한다. 그들에게 죄가 있다면, 기본적인 인권을 요구한 것이 유일한 죄다. (1980년 7월)

الحوار الديمقراطي
!!

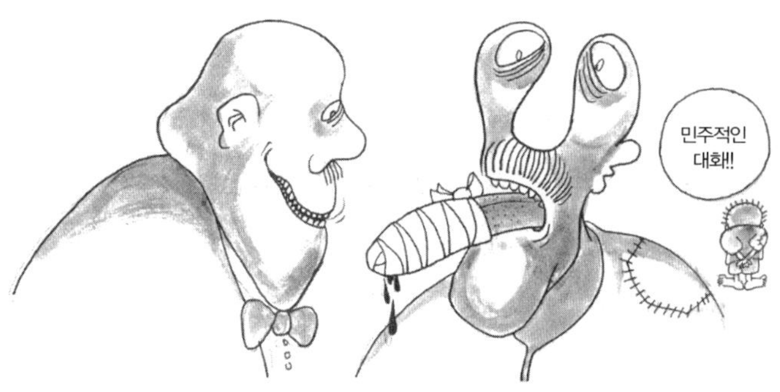

아랍 세계의 지배 계급이 '민주적인 대화'를 운운할 때, 그 의미가 무엇인가를 한잘라는 꿰뚫어 보고 있다. 정치 지배자들은 온갖 잔혹한 수단을 동원해서 지금까지 민중을 침묵시켜 왔다. (1976년 12월)

절도죄를 팔의 절단으로 엄벌하는 이슬람 율법에 대한 비판 : 샤리아법*이 아직까지 중동의 일부 국가에서 시행되고 있다.
(1985년 7월)

아랍 세계에서, 인권을 요구하는 시민은 권력자의 눈에 위협거리로 여겨진다. (1980년 9월)

الحرية
للمعتقلين السياسيين في سجون اسرائيل والعالم العربي

담에 쓰인 낙서 : 나지 알 알리는 이스라엘과 아랍 세계에서 투옥된 모든 정치범의 석방을 요구한다. (1979년 12월)

DO NOT DISTURB
عدم الازعاج
الجريدة تفوق

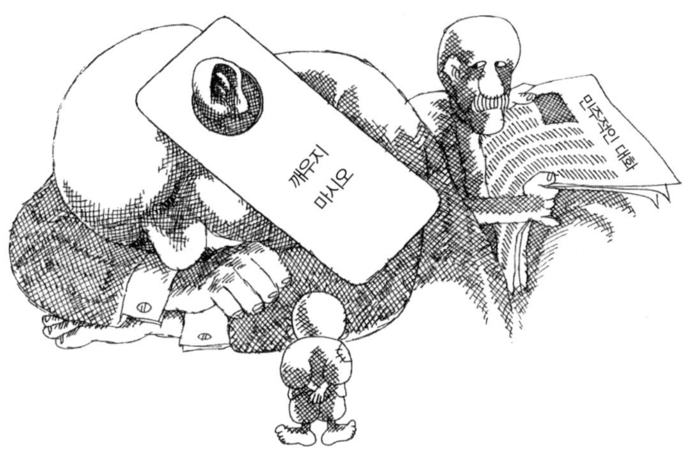

'민주적 대화'를 대서특필한 신문 기사. 아랍 민중은 의심하는 듯한 눈빛으로 정부를 훔쳐보고, 정부는 '깨우지 마시오'라는 큼직한 표지판을 걸어 두고 잠에 빠져 있다. (1984년 11월)

أمس
.. واليوم ..
.. وغداً

(오른쪽에서 왼쪽으로) 어제, 오늘, 내일. 보수적인 아랍 엘리트들이 여성의 권리를 옥죈다. [어제의 그림에서 한 남성이 여성의 얼굴을 가린 베일을 벗겨 내, 말할 자유를 주는 것 같아 보인다. 하지만 사실 여성의 입은 막혀 있다(오늘). 여성의 입지는 더욱 약화되어, 그 존재감조차 미미해진다(내일).] (1985년 1월)

히잡을 쓴 아랍 여성들과 히잡을 벗은 아랍 여성들을 갈라 놓은 경계선에 한잘라가 서 있다. 양편의 여성들은 의심하는 눈길로 서로를 훔쳐본다. (날짜 미상)

사형제도를 반대한다 : 후투티가 교수대를 넘어뜨리려고 눈물을 흘리며 교수대를 쪼아 댄다. (1985년 1월)

(오른쪽에서 왼쪽으로) 아랍 세계의 지배 계급이 정당한 몫을 대담하게 요구하는 가난한 사람의 목을 포크로 찌르며 성찬을 즐긴다.
(1984년 1월)

라이브 에이드Live Aid?˙ 한잘라는 미국이 에티오피아의 기아 난민들에게 원조를 제공한 이유가 그 지역에 대한 정치적 영향력과
지배력을 확보하기 위한 것이라 생각한다. (1984년 11월)

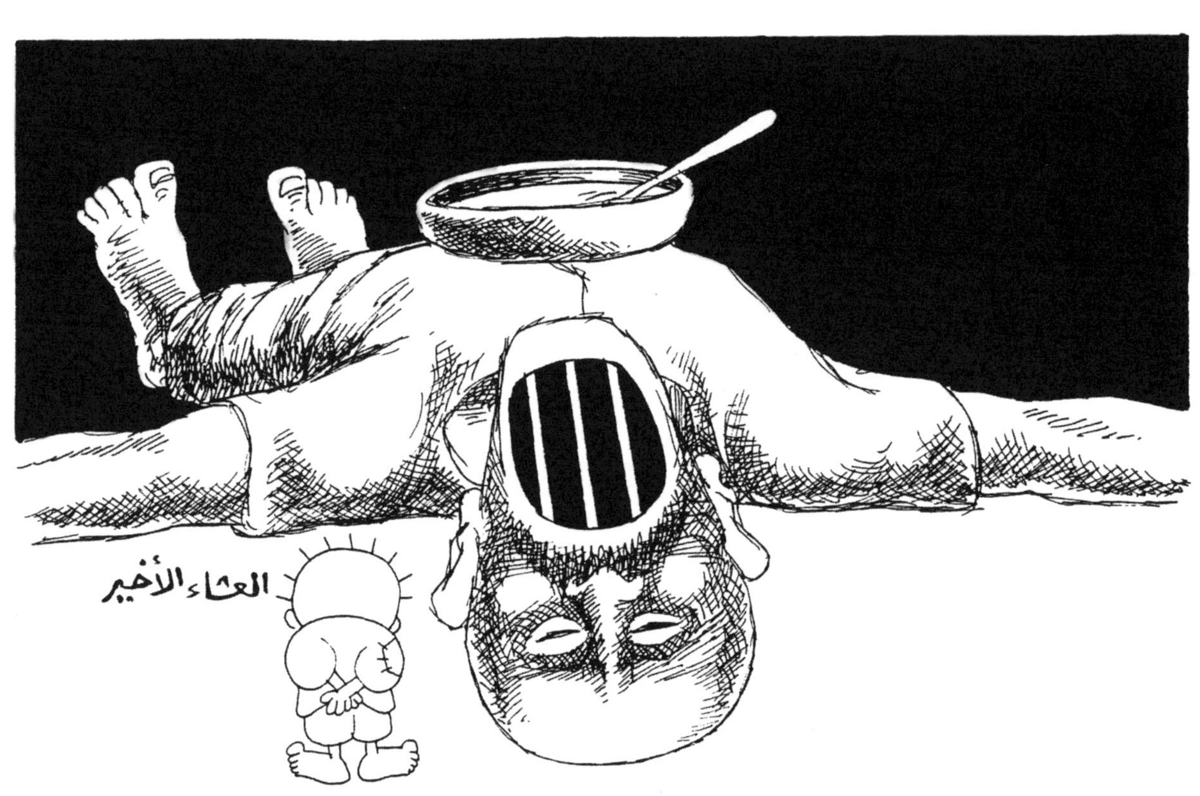
العشاء الأخير

최후의 만찬 : 자유의 결핍과 굶주림으로 고통받는 아랍 민중. (1980년 4월)

OIL
مخيم
عين الحلوة
للاجئين
الفلسطينيين

한잘라와 그의 가족은 레바논 남부의 아인 알 헬웨 난민촌에서 살아간다. '갈등 속 석유의 역할' 이란 기사를 다룬 옛 신문이 보인다. 아랍 세계는 석유에서 막대한 이익을 얻지만, 난민들에게 돌아오는 혜택은 버려진 석유통이 전부다. 그들은 석유통에서 비바람을 피한다. (1984년 5월)

걸프 지역과 레반트(그리스와 이집트 사이에 있는 동지중해 연안 지역—옮긴이), 그리고 (두건을 쓴) 북아프리카의 아랍 지배자들은 아랍 민중에게 감당하기 힘든 십자가를 짊어지게 한다. (1982년 4월)

많은 서구인이 석유를 아랍 국가들의 대외적 정치 무기로 생각하지만, 사실 석유는 가난한 아랍인들을 옥죄는 족쇄이다.
(1984년 10월)

아랍 세계에서 돈만 많고 무책임한 살찐 부자들은 난민촌의 참혹한 현실을 외면한다. 난민의 낡은 옷에 덧댄 헝겊 조각들이 그런 현실을 상징적으로 보여 준다. (1975년 7월)

아랍 엘리트들은 모든 것을 감시하는 지배자다. 끝없는 시시포스의 형벌*에 시달리는 가난한 사람들이 반발하며 현 체제를 뒤엎을지 모른다고 두려워하기 때문이다. (1975년 6월)

무장 투쟁이 굶주림을 근절하는 유일한 방법이라고 한잘라는 생각한다. (1981년 5월)

048 ● 샤리아법 : 코란을 바탕으로 한 무슬림 법체계. 이슬람교의 유일신 알라가 마호메트에게 내린 종교적 규칙이다. 이란, 사우디아라비아 등 여러 아랍 국가에서 헌법으로 규정되고 있다.

059 ● 라이브 에이드 : 에티오피아 난민의 기아 문제 해결을 위한 자금 마련을 목적으로 1985년 7월 13일에 개최된 대규모 록 공연이다. "범 지구적 주크박스"라는 콘셉트로 기획되었는데, 주 공연장은 영국 런던의 웸블리 경기장Wembley Stadium(7만 2000여 명 관람)과 미국 필라델피아의 존 F. 케네디 경기장John F. Kennedy Stadium(9만여 명 관람)이었고, 시드니와 모스크바에서도 공연이 진행되었다. 100여 개 국가에서 약 15억 시청자가 공연 실황 중계를 시청했다. 이는 역대 가장 규모가 큰 실시간 위성 중계 텔레비전 방송이었다.(출처 : 한국 위키피디아 '라이브 에이드' 항목 http://ko.wikipedia.org/wiki/%EB%9D%BC%EC%9D%B4%EB%B8%8C_%EC%97%90%EC%9D%B4%EB%93%9C)

067 ● 시시포스의 형벌 : 시시포스는 그리스 신화에 나오는 코린트의 왕인데, 제우스를 속인 죄로 지옥에 떨어져 바위를 산 위로 밀어 올리는 벌을 받았다. 그가 밀어 올리는 바위는 산꼭대기에 이르면 다시 아래로 굴러떨어지기 때문에, 그는 영원히 이 일을 되풀이한다.

3

미국의 지배와 석유 그리고 아랍의 결탁

팔레스타인에 '나크바'(재앙)가 닥치면서, 우연인지 중동 지역이 석유 부국으로 부상했다. 마을과 도시에서 땅을 빼앗긴 채 추방당한 팔레스타인 사람들은 걸프만의 아랍 국가들에서 새로운 삶의 터전을 마련하려고 발버둥 쳤다. 특히 쿠웨이트는 1936년부터 엘리트 계급이 앞장서서 팔레스타인 운동을 조직적으로 지원해, 그곳에 이민 간 팔레스타인 사람들이 건설적인 역할을 했을 뿐 아니라 그 세대 아랍인들에게 정치적 의식을 심어주는 데도 큰 역할을 했다. 나지 알 알리는 1963년 쿠웨이트로 이주해 급진적인 쿠웨이트 주간지 《알 탈리아*al-Taleea*》('선구자' 라는 뜻)에서 일했다. 하지만 레바논에서 사는, 특히 시돈 근처의 아인 알 헬웨 난민촌에 사는 팔레스타인 사람들 과 레바논 간의 관계 때문에 수년간 두 나라를 빈번하게 왕래해야 했다.

1960년대 말과 1970년대 초, 쿠웨이트는 미국의 이익에 점점 중요한 위치를 차지하게 되며 소비지향적인 사회 로 변해 갔지만, 그 시대의 혁명적인 팔레스타인 운동을 지원하는 근거지로서도 제 역할을 다했다. 나지 알 알리 는 이런 쿠웨이트 사회를 직접 경험한 덕분에 아랍 세계의 상황, 특히 중동 지역의 미래를 결정하는 데 석유가 차

지하는 위치를 한층 폭넓고 냉철하게 관찰하는 힘을 키워 갈 수 있었다.

수십 년 전이라면 몰라도, 당시 많은 아랍인에게 석유는 경제적 축복이 아니었다. 전 세계 석유 매장량의 상당 부분이 걸프 지역의 아랍 국가들에 집중돼 있었지만, 석유의 가치를 더해 줄 만한 산업 경제는 아랍 세계에서 발달하지 못한 상태였다. 과거에 아랍인들이 '나프트'napht라 불렸던 석유가 아랍 국가의 땅에서 샘솟았지만, 그런 석유의 생산량과 수요 및 가격은 서구 정부와 다국적기업에 의해 결정됐다. 요컨대 서구 세계가 아랍의 석유를 지배했다. 국유화를 위한 쓰라린 노력이 성공을 거둔 후에도, 기술과 자본, 심지어 어떤 경우에는 노동력에서도 아랍 세계의 석유산업은 서구 세계에 대한 의존에서 벗어나지 못했다.

알 알리가 보기에 안 그래도 나쁜 상황이 더욱 악화되는 것은, 아랍 석유에 대한 끝없는 탐욕이 이 지역의 다른 이해관계들과 복잡하게 얽히고설킨 때문이었다. 알 알리의 판단에는, 서구 세계가 이스라엘을 군사적·경제적으로 무조건 지원하고 아랍 국가들을 희생시키는 데서 그런 복잡한 이해관계가 비롯되고 있었다. 중동 국민국가들의 현 국경은 1차 세계대전 직후 서구 제국주의의 오만한 행동으로 인해, 달리 말하면 영국과 프랑스의 관료들에 의해 일방적으로 그어졌다. 이를 감안하면, 이 지역이 독자적이고 민족주의적인 과정을 통해 어떤 형태로든 통일되는 것을 서구 열강들이 한사코 반대해 온 이유가 쉽게 이해된다. 또한 아랍 세계에서 어떤 사건이 터질 때마다 미국이 주도한 간섭의 흔적을 찾아 낼 수 있었던 이유도, 그 간섭을 지칭하는 준비된 용어가 있었던 이유도 이해된다. 알 알리 만평의 유의미함을 분명히 드러내 준 것은 오로지 시간뿐이었다. 이제 더 이상 냉전의 적을 분쇄하기 위해서라는 핑계를 댈 수 없어, 미국의 제국주의적 야망의 실체가 백일하에 드러났기 때문이다.

이 장에서 소개되는 만평들은 막연하게만 알고 있던 실상을 명료하게 보여 준다는 점에서 주목할 만하다. 또한 알 알리의 주체적인 정신을 다시 한 번 확인할 수 있는 만평들이다. 그는 어떤 정치 집단이나 체제에도 굴복하지 않았다. 이란·이라크 전쟁*을 부추기고 방치한 것이 아랍 민족을 지키기 위해서였다는 미국의 선전에도 속아 넘어가지 않았다. 중동 지역을 지배하려는 미국의 야욕을 나지 알 알리는 꿰뚫어 보았다. 그는 한잘라를 앞세워, 아랍 지도자들이 줏대 없이 성조기가 펄럭이는 방향대로 쫓아가려 하는 모습을 우리에게 적나라하게 보여 준다. 우리가 석유 거래 방식까지 바꿀 수야 없겠지만, 아랍의 지배 계급이 현 체제를 보호받는 대가로 자국의 주권과 자원을 어떻게 서구 세계에 건네주었는가를 편견 없이 지켜보는 정직한 목격자가 될 수는 있다.

* 이란·이라크 전쟁 : 1980년에 시작되어 1988년까지 계속된 전쟁. 이라크가 이란을 침공하여 시작되었는데, 8년 동안 100만 명 넘는 사상자가 발생했다. 샤트 알 아랍 수로水路와 호르무즈 해협에 있는 3개 도서의 영유권을 두고 벌어진 국경 분쟁이 직접적인 원인이지만, 그전부터 이라크가 수니파의 지배하에 있는 반면 이란은 대다수가 시아파인 데 따른 종파적 갈등이 있었다. 하지만 또 다른 이면에는 미국을 비롯한 서구 국가들이 있었다. 1979년에 이란에서 이슬람 혁명이 일어나 반미 이슬람 정권이 들어서자, 서구 열강들은 반미·반서방 이슬람 원리주의 물결이 일 것을 우려했다. 이들은 전통적으로 이란과 대립관계에 있던 이라크에 접근하여 사담 후세인 정권에게 막대한 외교적·경제적·군사적 지원을 했고, 결국 후세인이 이란을 침공한 것이다.(출처 : 두산백과 '이란-이라크 전쟁' 항목, 위키피디아 '이란-이라크 전쟁' 항목 http://ko.wikipedia.org/wiki/%EC%9D%B4%EB%9E%80-%EC%9D%B4%EB%9D%BC%ED%81%AC_%EC%A0%84%EC%9F%81)

아랍 석유는 이스라엘의 전투기로 흘러들어 간다. 정치적 목적으로 이용된 석유는 진보적인 변화 가능성을 가로막는 올가미이다.
(1981년 6월)

아랍의 석유를 지배해서 가장 큰 이익을 보는 나라는 미국이다. 프랑스와 영국이 그 뒤를 바싹 따른다. (1980년 2월)

걸프만의 지배 세력들은 원유가 자신들을 안전하게 지켜 줄 거라고 생각한다. 그러나 미국과 맺은 협약 때문에 그들은 결국 몰락할 것이다. (1975년 3월)

아랍의 칼, 아랍의 석유, 이스라엘의 무기 등이 한통속이 되어 폭격해도 한잘라는 의연하다. (1982년 8월)

طبول الحرب!!
OIL
OIL
US

전쟁의 북소리. 아랍 사람들은 길거리에 모여 앉아 이란·이라크 전쟁을 다룬 기사를 읽는다. 누가 전쟁을 일으킨지는 분명하다.
(1984년 8월)

이란·이라크 전쟁과 같은 지역 갈등이 극성을 부리면 석유에 대한 지배력이 미국으로 넘어간다. 동시에 이스라엘의 영향력도 중동 지역에서 확대된다.

(오른쪽에서 왼쪽으로) 미국 정부는 중동이 이란·이라크 전쟁으로 불타는 모습을 보자, 비가 불길을 꺼트리지 않도록 우산을 펼친다.
(1980년 10월)

미국의 간섭과 영향력은 결국 아랍 땅의 황폐화로 이어진다. 여기에서 나지 알 알리는 이란 · 이라크 전쟁의 최대 수혜자가 미국이란 걸 분명하게 보여 준다. (날짜 미상)

치명적인 포옹 : 미국은 아랍을 안전하게 지키겠다는 명목으로 걸프만에 해군을 주둔시킨다. (1982년 2월)

미국이 만든 미사일과 미국 정책으로 인해 이란과 이라크가 잿더미로 변한다. 미국만이 상처 하나 없이 살아남는다. 당시 이란·
이라크 전쟁을 회의적으로 바라본 알 알리의 시각은, 그가 일하고 있던 쿠웨이트에서도 거의 유일했다. (1980년 10월)

미국과 이스라엘의 전쟁 무기들은 긴밀한 공조하에 폭력을 휘두르며 지배력을 행사한다. (1981년 8월)

닻을 내리다! : 중동에서 미국의 존재는 어떤 일에나 참견하는 전함으로 상징되며, 아랍 세계에 정의로운 평화가 정착될 기회를 말살한다. (1980년 7월)

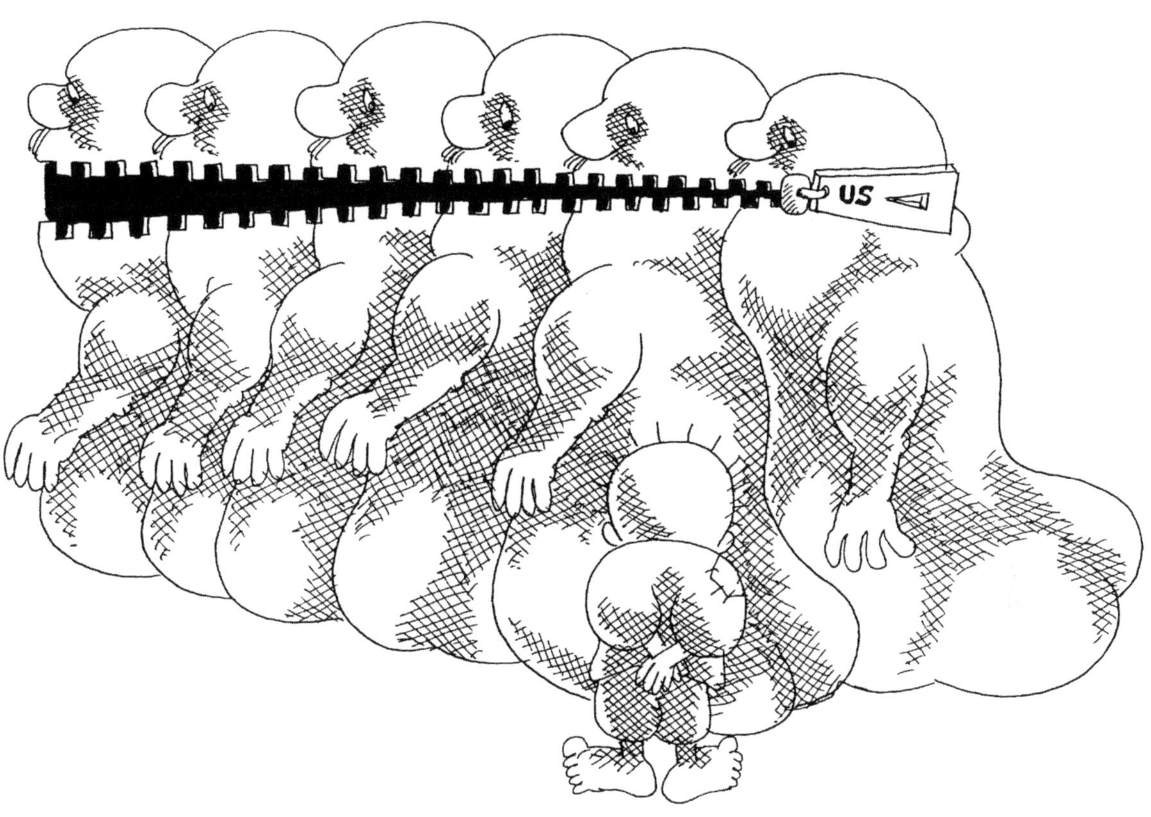

미국은 아랍 세계 지도자들의 입을 통제하며, 그들에게 말해야 할 때와 입을 다물고 있어야 할 때를 지시한다. (1985년 11월)

'온건한 아랍 지도자들'은 중동 문제를 해결할 수 있는 열쇠가 미국에 있다고 입버릇처럼 말한다. 한잘라는 미국이 그 문을 어떻게 열 계획인지 훤히 꿰뚫어 보고 있다. (날짜 미상)

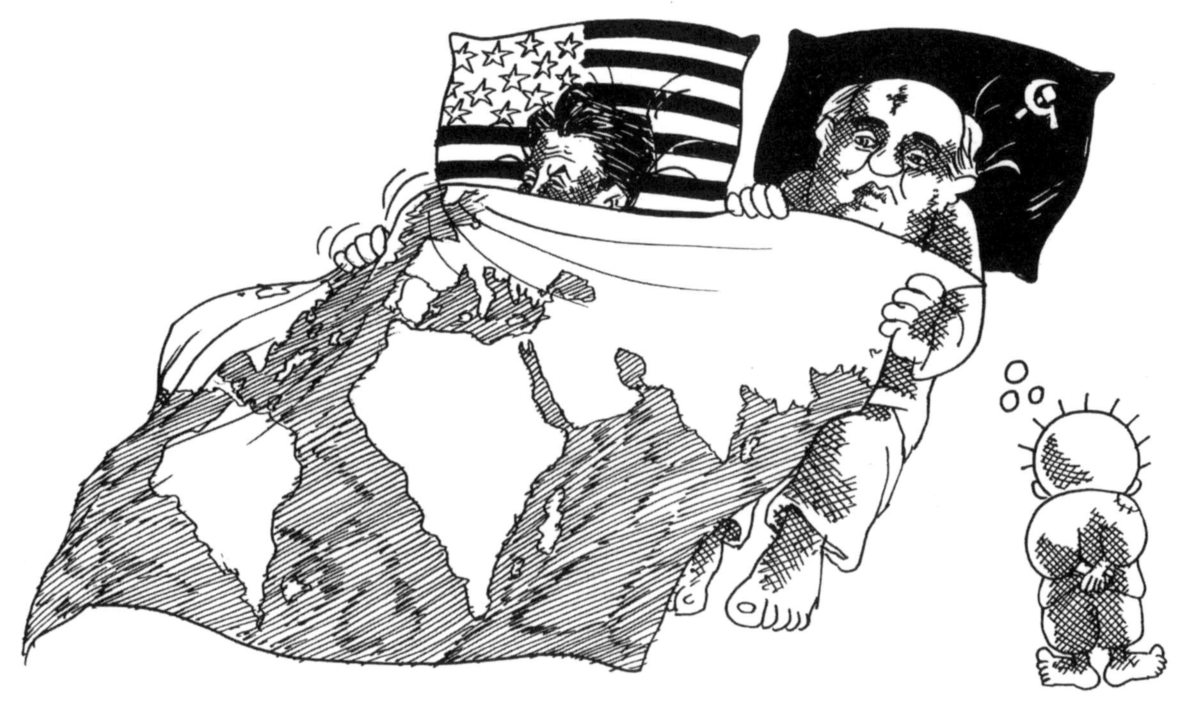

로널드 레이건과의 동침 : 레이건은 더 많은 세상을 미국 쪽으로 끌어당기고, 곤경에 빠진 미하일 고르바초프는 더 이상 빼앗기지
않으려고 필사적으로 붙든다. (1986년 10월)

البيت الأبيض

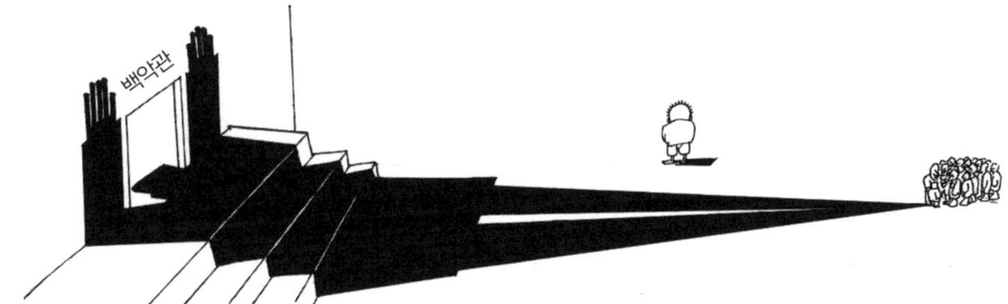

아랍 지배 엘리트들의 그림자가 엎드려 절하며 백악관의 지시에 따른다. (1973년 2월)

미국 국기의 줄무늬가 핍박받는 아랍을 더욱 억누르고 무력하게 만든다. (1971년 5월)

미국이 컴퍼스로 어떤 도형을 그리는지 보려고 아랍 지도자들이 모였다. 그리고 그들의 한복판에 이스라엘 국가가 건국되는 것을 놀라서 지켜본다. 현재의 국경은 식민 시대에 서구 관료들이 일방적으로 그어 놓은 것이다. (1980년 3월)

예측하기 힘든 바람의 방향. 아랍 엘리트들이 아무리 머리를 짜내도, 중동에 대한 미국의 정책을 가늠할 수 없다. (1983년 3월)

아랍 엘리트들은 백악관에 들어가는 열쇠를 갖고 있다고 믿는다. 하지만 백악관에 들어가려면 무수히 많은 열쇠가 필요하다.
(1978년 8월)

뒤룩뒤룩 살찐 무능한 아랍 지도자가 미국 우산의 그늘 아래서 자기만의 환상에 빠져 중동 지역을 개편한다. 이 가공架空의 신부를 궁극적으로 완성하는 주체는 미국임을 한잘라는 꿰뚫고 있다. (1978년 6월)

4

평화회담

나지 알 알리의 다른 만평들과 마찬가지로, 화약고 같은 중동의 불안한 정세를 진정시키려는 목적으로 그려진 만평들도 시간이 지날수록 설득력과 타당성을 더해 간다. 팔레스타인해방기구PLO 내에서 활동하던 팔레스타인 정치인들이 자국민을 대신해서 목소리를 높일 권리를 이용해 자기 이익을 챙기고, 나중에는 자국민의 권리마저 조금씩 포기했지만, 나지 알 알리는 자신이 자란 팔레스타인에 대한 사랑을 버리지 않았다. 그는 근본적인 문제를 해결하지 않고는 평화도 있을 수 없다는 자신의 생각에 끝까지 충실했다. 즉 팔레스타인 난민 문제와 이들이 원래의 땅으로 돌아가야 한다는 양도할 수 없는 권리 말이다.

예술가로서는 드물게 정치적인 통찰력을 과시했던 알 알리는 세계의 열강들이 팔레스타인 사람들의 권리를 지키기 위해 진정으로 노력할 거라고 믿지 않았다. 이 장의 만평에서도 확인되듯이, 놀랍게도 알 알리는 중동지역정책에서 헨리 키신저Henry A. Kissinger•의 표리부동하고 기만적인 역할을 꿰뚫어 보았다. 중동을 벗어나 넓은 의미의 아랍 세계와 관련해서도 알 알리의 예측은 정확했다. 그는 석유로 부자가 된 아랍 국가들과 그 동맹국들이 팔레스타인을 대신해 평화 협상을 진지하게 진행할 거라고 믿지 않았다. 이스라엘의 행동과 이집트 정권의 결탁 역시 알 알리의 생각을 뒷받침해 주었다.

이스라엘은 이집트와 '평화' 조약을 체결한 후 미국의 지원을 받아 레바논 남부를 침략했다. 그때가 1978년이었다. 이스라엘은 1982년에 또다시 침략해 레바논의 수도 베이루트까지 진격했고, 그 과정에서 팔레스타인 사람들과 레바논 사람들에게 무차별적으로 잔혹행위를 저질렀다. 이집트는 한때 아랍 세계의 선도 국가였던 까닭에 맨몸으로 쫓겨난 팔레스타인 난민들의 권리를 적극적으로 옹호해 줄 것이라 기대됐다. 하지만 이집트는 팔레스타인과 레바논 국민에 대한 책무를 저버렸다. 이스라엘은 폭력을 통해 평화를 구축하려 하면서, 눈엣가시처럼 거북한 존재인 팔레스타인 사람들을 억압해 손발을 묶어 버리려고 애썼다. 한편 미국의 지원에 목말라 하던 아랍 지도자들은 침묵으로 일관했다. 정치인다운 상상력과 용기가 부족했던 그들은 그저 이스라엘의 장단에 맞추어 춤을 추었다.

이른바 주권국가들 간의 국제 협정이란 맥락에서는 이런 현상이 그런대로 이해될 수도 있다. 그러나 아랍 세계의 많은 사람들에게 아랍 지도자들의 침묵은 결탁으로밖에 보이지 않았다. 그들은 아무 짓도 하지 않았지만, 실질적으로는 범죄의 공모자였다. 아랍 지도자들이 무능하고 대의를 따를 의지도 없었다는 점을 고려하면, 한잘라 같은 난민들은 본질적이고 폭넓게 인정되는 정의에 기댈 수밖에 없었고, 알 알리도 그런 정의를 지향했다.

하지만 칠흑 같은 어둠의 시간을 보내던 팔레스타인 사람들에게 새로운 가능성이 비치기 시작했다. 1973년 12월, 팔레스타인 대표단을 배제한 채 제네바에서 시작된 평화회담은 팔레스타인의 합법적인 대표 기구로서 PLO를 거부하지 못했다. 또한 정의를 요구하는 팔레스타인 사람들의 목소리를 묵살하지도 못했다. PLO 게릴라 조직은 이스라엘의 압도적인 무력에 맞서 베이루트의 학살을 어느 정도 저지할 수 있었다. 1982년 9월 팔레스타인 무장저항세력이 결국 외딴 벽지로 철수한 때에도, 많은 사람이 원하고 기대한 대로 팔레스타인 민족주의 운동은 멈추지 않았다. 패배감에 젖어 이스라엘 앞에 유순하게 굴복한 팔레스타인인들도 있었지만, 웨스트뱅크(서안)와 가자 지구의 민중은 1987년 팔레스타인 인티파다라 불리는 민중 봉기를 일으켜, 팔레스타인 국민이 결국 사라질 거라는 세간의 생각을 말끔히 지워 버렸다.

• 헨리 키신저 : 1970년대에 미국 대통령보좌관과 국무부 장관을 지낸 정치가.

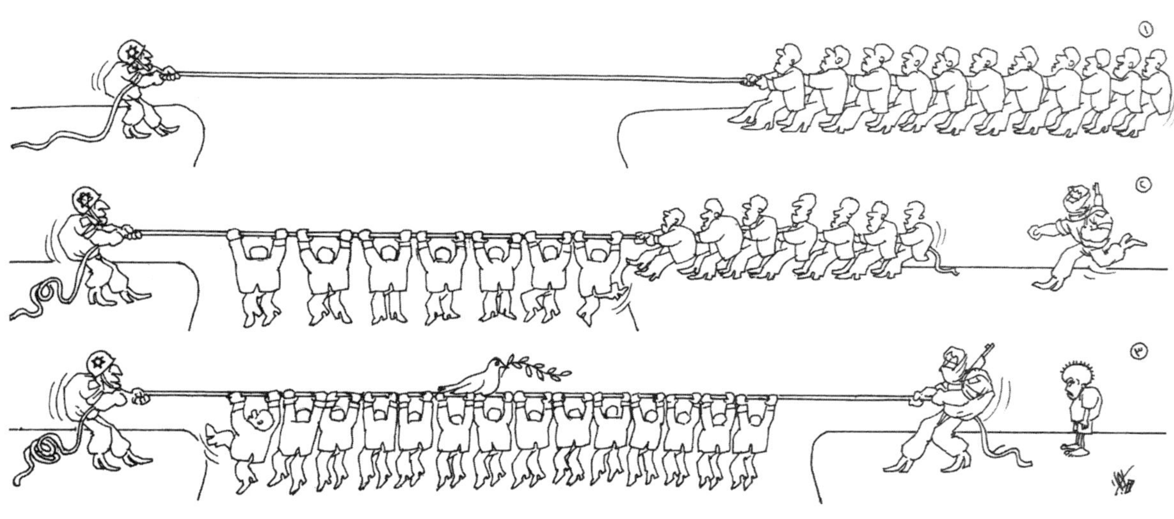

이스라엘과 줄다리기를 하는 많은 아랍 정부들을 도우려고 팔레스타인 게릴라가 달려간다. 하지만 아랍 정부들이 이미 항복했다는 걸 깨닫고는 혼자 밧줄을 붙잡고 버틴다. (1970년 1월)

아랍 지도자 하나가 이스라엘을 환영하려고 미국이 만든 '레드 카펫'을 깔고, 다른 지도자들은 이스라엘을 극진히 맞이하기 위한 환영 위원회에서 한 자리를 차지하려고 경쟁한다. 한잘라와 그의 형제가 망연자실해서 그 모습을 지켜본다. (1970년 5월)

1973년 제4차 중동전쟁이 있은 후, 헨리 키신저는 왕복외교shuttle diplomacy*의 일환으로 아랍 세계를 방문해 아랍권의 석유금수 조치(oil embargo, 석유 수출 제한)를 종식시켰다. (1974년 10월)

석유통을 굴려 환영하다 : 키신저는 평화라는 희망을 심어주며 아랍 사람들을 기만한다. 석유로 부자가 된 지배 세력들은 미국이 중동 지역에서 영향력을 행사하는 것을 감지덕지하며 환영한다. (1975년 2월)

마술사 키신저가 모자에서, 올리브 가지●를 부리에 문 검은 올빼미를 불러 낸다. 검은 올빼미는 아랍 세계에서 흉조凶兆를 뜻한다.
(1975년 3월)

항복으로 얻은 평화. 평화를 상징하는 비둘기가 버려진 소총 위에 걸린 군모에 둥지를 틀었다. (1976년 3월)

Camp David
حقوق شعب فلسطين

1978년 이집트 대통령 안와르 알 사다트Anwar al-Sadat와 캠프데이비드협상● 테이블에 앉았을 때, 이스라엘은 팔레스타인 국민의 권리를 부정한 방법으로 빼앗았다. (1979년 2월)

팔레스타인인들의 '자치自治'. (1980년 1월)

المنطقة العربية

수백만 아랍 민중이 살기 위해서 발버둥 치지만, 아랍 산유국의 지배자들은 초호화판 삶을 꿈꾼다. (1975년 2월)

إبليس

메카 순례 기간 동안 순례자들이 악마의 형상을 한 비석에 돌을 던지는 의례적인 행사가 벌어지는데, 여기에서는 악마가 아랍의 살찐 부호에게 돌을 던져 맞춘다. 순례복을 입은 한잘라가 그 모습을 보고 기뻐한다. (1974년 12월)

الجنوب

레바논 남부가 이스라엘의 공격으로 초토화됐다. 그곳 사람들도 난민으로 전락해 고향을 버리고 떠난다. [등에 진 짐의 문양은 레바논 국기이다.] (1974년 4월)

장례식의 나팔 : 레바논 내전으로 죽음을 맞은 무슬림 및 기독교 희생자들을 추념하는 나팔을 불며 한잘라가 눈물을 흘린다.
(1976년 3월)

아스라엘 폭격기가 평화의 희망을 무너뜨렸지만, 한잘라는 굳건하게 버티며 평화의 가능성을 꿈꾼다. (1982년 7월)

이스라엘은 1982년 '갈릴리 평화 작전' 이란 이름으로 레바논을 침공하며 평화(비둘기)를 죽였다. 까마귀의 모습으로 형상화된 죽음이 버려진 땅을 지배한다. (1983년 4월)

1982년 이스라엘의 침략으로 레바논은 폐허로 변했다. 그런 폐허 속에서도 새로운 잎이 돋는다. 한잘라가 독자를 정면으로 바라보며 팔레스타인 국기와 레바논 국기를 엄숙하게 흔들고 있다. (1982년 7월)

1982년 9월 PLO의 게릴라 조직이 베이루트에서 철수할 때, 인간의 형상을 한 물고기 떼가 열쇠를 쥐고 반대 방향으로 헤엄친다.
여기에서 열쇠는 팔레스타인 사람들의 귀향권을 상징한다. (1983년 12월)

이스라엘이 지금 당장은 레바논을 점령하지만, 레바논 사람들이 주권을 곧 되찾을 거라고 한잘라는 확신한다. (1982년 7월)

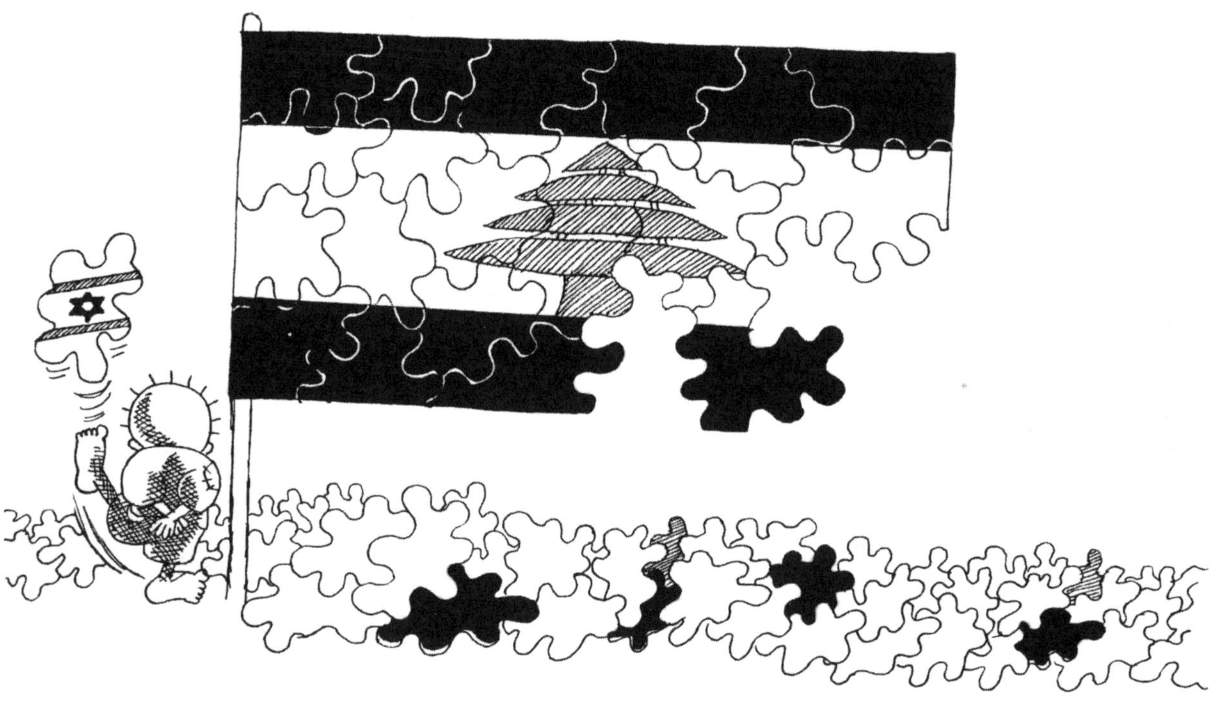

믿음직한 동맹인 레바논이 지금은 찢어진 퍼즐판일지 모르지만, 그래도 이스라엘이 발붙일 곳은 없다. (1983년 3월)

1982년에 사브라와 샤틸라 난민촌에서 대학살이 벌어지는 동안, 여성들은 끔찍한 성폭행을 당했다. 여기에서 한잘라는 팔레스타인 '쿠피예'(얼굴이나 머리에 두르는 아랍식 스카프)로 망자의 존엄성을 지켜 준다. (1983년 5월)

مقبرة شهداء
صبرا وشاتيلا

사브라와 샤틸라 공동묘지에서 고아들이 서로 위로한다. (1985년 6월)

뒤죽박죽 : 아랍 세계의 지배자들은 누가 중동 지역에서 미국의 이익을 가장 잘 대변하는지 다툰다. 그러나 그들은 아무것도 모른다. 미국 국기가 정확히 어떻게 생겼는지조차도. (1984년 10월)

이스라엘이 못난 아랍 지도자들을 앞잡이로 이용해 아랍 사람들을 속이려는 음모를 한잘라는 꿰뚫어 본다. (1985년 3월)

이스라엘이 링에 먼저 올라 잘난 체하며 도전자를 기다리고 있다. 그러나 이스라엘의 적수인 아랍 지도자들은 서로 싸우느라 정신이 없다. 이 만평은 이런 내분이 외부의 음모라는 아랍 세계의 믿음을 그리진 않았다. 단지 이스라엘이 이런 내분에서 이익을 얻을 뿐이라는 사실만을 날카롭게 지적하고 있다. (1980년 4월)

(오른쪽에서 왼쪽으로) 아첨하는 팔레스타인 공작원들과 아랍 지도자들이 겉으로는 야시르 아라파트(Yasir Arafat, PLO의 의장)에게 변함없는 충성을 맹세하는 듯 보이지만, 실제로는 이스라엘에게 복종하고 있는('Yes sir') 것이다. (날짜 미상)

야시르 아라파트의 트레이드 마크인 '승리의 V'는 항복한 현실을 은폐하는 속임수다. (1984년 1월)

전설상의 로마 건국자들인 로물루스와 레무스의 신화●를 각색한 만평으로, 팔레스타인의 파괴를 묵인하는 이집트 정권을 빗댄 것이다. 피라미드들을 내려다보는 늑대 미국에게 팔레스타인과 이스라엘이란 쌍둥이 중 팔레스타인은 비참하게 잡아먹히지만, 이스라엘은 피라미드 모양의 젖꼭지에서 젖을 빤다. (1985년 1월)

저들에게 밧줄을 넉넉하게 줘라. 아랍 세계의 지배자들에게 유엔 결의안과 평화 협상은 안전을 보장하는 낙하산이다. 그들은 이런 면책조항들이 교수형 집행인의 올가미란 것을 뒤늦게 깨닫지만, 이미 때가 늦었다.● (1985년 11월)

주석

102 ● 왕복외교 : 제3자가 분쟁의 양측을 오가며 중재 역할을 하는 것.

104 ● 올리브 가지 : 일반적으로 올리브 가지는 평화를 상징한다. 그러나 이 만평에서는 미국의 기만적인 평화의 제스처를 상징한다.

107 ● 캠프데이비드협상 : 1978년 9월에 열린 이집트와 이스라엘 간의 평화교섭 회담. 카터 미국 대통령이 대통령 별장인 워싱턴 근교 캠프데이비드로 사다트 이집트 대통령과 베긴 이스라엘 총리를 초청하여 진행되었다. 이후 이스라엘과 이집트는 1979년 3월 26일 평화협정을 맺었다. 하지만 팔레스타인 자치권 교섭이 지지부진했고 이집트가 대의를 버리고 자국의 이익만을 추구했다는 이유로 PLO를 비롯한 전체 아랍 세계의 강력한 저항에 직면했다. 결국 이집트는 아랍연맹에서 제명당했고, 그 대신 미국의 경제·군사적 지원을 받게 된다.

131 ● 로물루스와 레무스 신화 : 알바 롱가 왕 누미토르의 동생 아물리우스는 형을 폐립하고 형의 딸 레아 실비아가 낳은 쌍둥이 형제 로물루스와 레무스를 강에 버렸다. 이 형제는 강가로 떠밀려 가, 늑대의 젖을 먹고 자랐다. 성장한 형제는 아물리우스를 살해하고 누미토르가 복위하는 것을 도왔으며 고대 로마를 건설했는데, 거기서 형 로물루스는 레무스를 살해했다.

132 ● 유엔 결의안 338호 : 1973년 제4차 중동전쟁 이후 유엔 안보리에서 채택한 결의안. 이스라엘의 점령지 철수 등 1967년에 채택한 결의안 242호의 이행을 촉구했다.

5

저항

의식을 고양하고 민족을 해방하기 위한 수단으로 작업하는 많은 예술가와 마찬가지로, 나지 알 알리도 자신의 작품에 목적을 뚜렷이 담아 냈다. 시온주의자에 대한 팔레스타인의 저항은 처음부터 예술적이고 미학적인 형태를 띠었다. 서구 세계의 지원에 힘입어 군사적으로 월등했던 적에게 참담한 패배를 당한 후, 팔레스타인 사람들은 '나크바'의 첫날부터 시각문화visual culture의 필요성을 절감했다. 이후 나지 알 알리의 만평은 넓은 의미의 아랍 세계에서 팔레스타인의 다른 어떤 시각예술 작품보다도 팔레스타인 해방 운동의 대명사로 신속하게 자리잡았다. 일간 신문들에 실린 알 알리의 만평은 팔레스타인 난민들의 실상을 다루며, 문인들의 모임이란 좁은 울타리를 넘어 대중을 의식화하는 첨병 역할을 해냈다. 팔레스타인 난민촌에서 아이들이 태어나면서, 그들을 위해서라도 한잘라는 절실하게 필요했다. 팔레스타인의 역사적인 고토故土를 되찾는 과정이 여러 세대 동안 계속될 투쟁이라면, 경계심을 풀지 않고 저항의 불꽃을 높이 치켜들 젊은 세대에게 의지할 수밖에 없었다. 이런 점에서, 알 알리의 만평은 전前 세대 팔레스타인 예술가들이 1950년대부터 꾸준히 '근대적인' 안목에서 접근하여 이루어 낸 작업의 연장이었다.

알 알리의 삶은 짧게 끝났지만, 그가 숨을 거둔 지 몇 달 후 팔레스타인의 분노는 조직적인 인티파다(민중 봉기)로 폭발했다. 인티파다의 역동적인 패기는 전 세계 텔레비전 화면을 수놓았던 '돌을 던지며 항거하는 아이들'에서 분명히 예고되었다. 아랍 세계 전역에서 한잘라의 이미지는 그 어린 혁명가들, 즉 '아트팔 히자라'(Atfal Hijara, '돌을 던지는 아이들')와 일맥상통했다. 1987년 12월 팔레스타인의 점령 지역에서 일어난 인티파다는 그전부터 웨스트뱅크와 가자 지구를 비롯해 팔레스타인 영토 전역에서 작은 규모로 일어났던 폭동들로 이미 예고된 것이었다. 알 알리는 그런 봉기들을 추적해서 일일 만평으로 그려 냈다. 레바논 난민촌에서 한잘라는 역사가 자신에게 부여한 역할을 깨달았고, 1980년대 내내 팔레스타인과 세상 곳곳의 아랍 독자들에게 모습을 드러냈다. 중요한 사실은 알 알리의 만평이 일방적으로 전달되는 데 그치지 않았다는 점이다. 그의 만평은 단순히 외국 신문에 팔레스타인의 투쟁 장면과 함께 한잘라를 끼워 넣는 것이 결코 아니었다. 추방당한 팔레스타인 망명자들의 네트워크가 요르단과 걸프만 너머까지 확대된 덕분에, 한잘라는 점령 지역에 갇힌 팔레스타인 사람들에게 친숙한 인물이 돼 있었다. 이미 점령 지역 안에서도 팔레스타인 사람들은 낙서와 '다브케'라는 민속춤을 문화적 저항 수단으로 삼아 고유한 저항의 미학을 이미 발전시켜 나가고 있었다.

1987년 팔레스타인 인티파다의 원동력은 한잘라의 레바논 난민촌과 다르지 않았던 여러 난민촌에서 샘솟았다. 저항을 위한 투쟁은 두 방향으로 전개됐다. 하나는 이스라엘의 조직적인 침략 행위에 대한 저항이었고, 다른 하나는 위선적이고 기만적이며 부패한 아랍 지도자들, 돌을 던지는 아이들에게 쏟아지는 찬사에 묻어가려던 아랍 지도자들에 대한 저항이었다.

이 장에서 소개되는 만평들에는 알 알리의 모든 철학이 집약돼 있다. 여기에서 투쟁은 콧수염을 기른 남자들만의 싸움이 아니다. 눈물을 무기로 사용하는 강하고 해방된 여성의 투쟁이기도 하다. 이스라엘의 적나라한 공격성을 고발하고, 아랍인들에게 지도자를 바꿔야 한다고 역설하는 만평들도 소개된다. 만평에 더해진 설명글들은 2009년 1월에 이스라엘이 팔레스타인 사람들, 특히 가자 지구의 팔레스타인 사람들을 잔혹하게 공격한 직후 쓰인 것이다. 구태여 설명글을 덧붙인 이유는 간단하다. 역사적으로 팔레스타인의 땅이었던 곳과 다른 나라들에 있는 난민촌에서 수십 년 동안 "항복은 없다"고 낭랑하게 울려 퍼졌던 한잘라의 목소리가, 만평들이 처음 그려졌던 때와 마찬가지로 지금도 여전히 필요하다는 사실을 강조하기 위한 것이다.

고국을 위한 헌신은 고국을 위해 피를 흘린다는 뜻이다. 팔레스타인 자유의 투사가 고국의 흙을 파낼 때 철조망이 투사의 손에 파고든다. (1980년 4월)

자유의 투사가 죽어 가면서도 바싹 말라 갈라진 고국의 땅을 손가락으로 움켜잡으려 한다. 그의 피가 고국의 땅을 적신다.
(1980년 11월)

슬픔에 잠긴 여성의 눈물이 저항의 폭탄으로 변한다. (날짜 미상)

한잘라가 팔레스타인 국기를 흔들며, 아랍 국가들의 항복을 뜻하는 백기로 채워진 이스라엘의 석유통을 발로 찬다. (1982년 5월)

항복의 거친 파도가 자유의 투사까지 휩쓸고 가지만, 자유의 투사는 사랑하는 고국의 해안에서 떨어지지 않으려 안간힘을 다한다.
(1983년 10월)

팔레스타인 사람들이 당당하고 꾸준히 한 걸음씩 전진한다면 자유와 귀향과 정의라는 목표를 성취할 날이 반드시 올 것이다.
(1986년 7월)

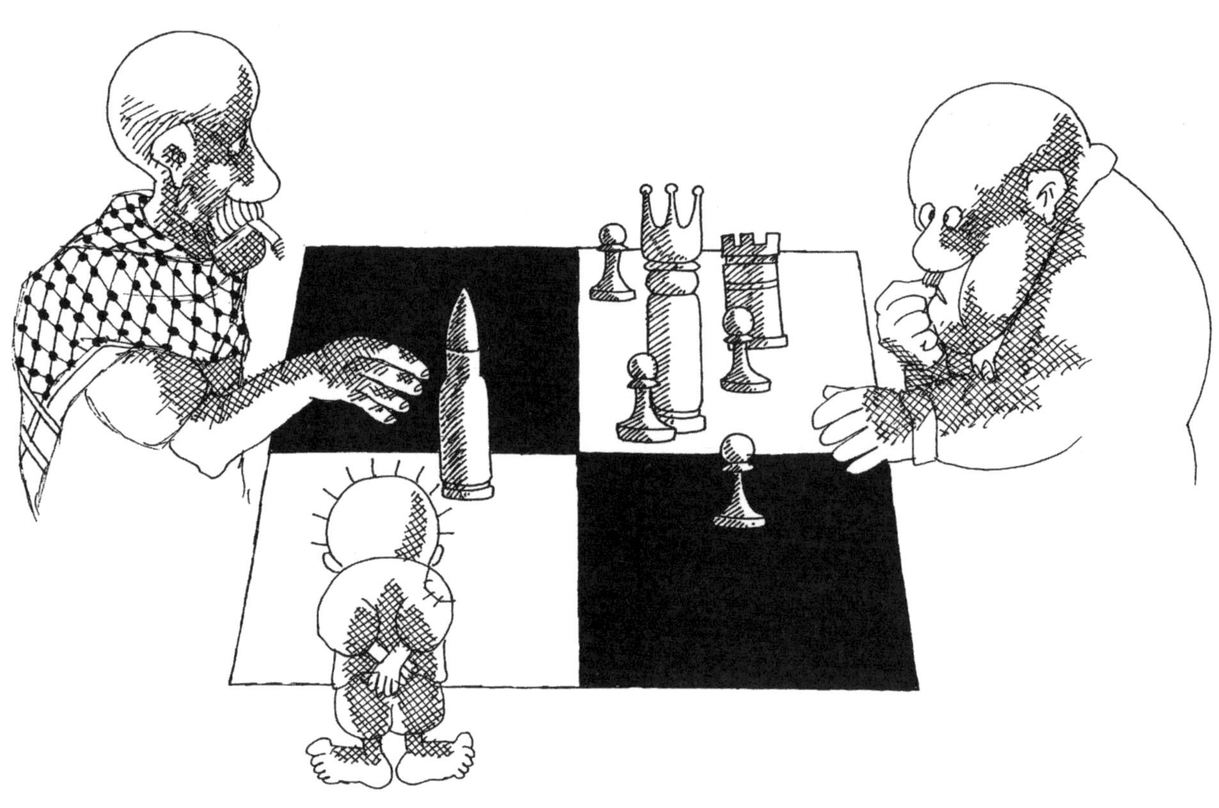

외통수 : 가난한 팔레스타인 사람이 아랍 정치인과 체스를 둔다. 아랍 정치인은 팔레스타인 사람의 저항에 막혀 돌파구를 찾을 수 없는 속수무책인 상황에 빠져 있다. (1985년 1월)

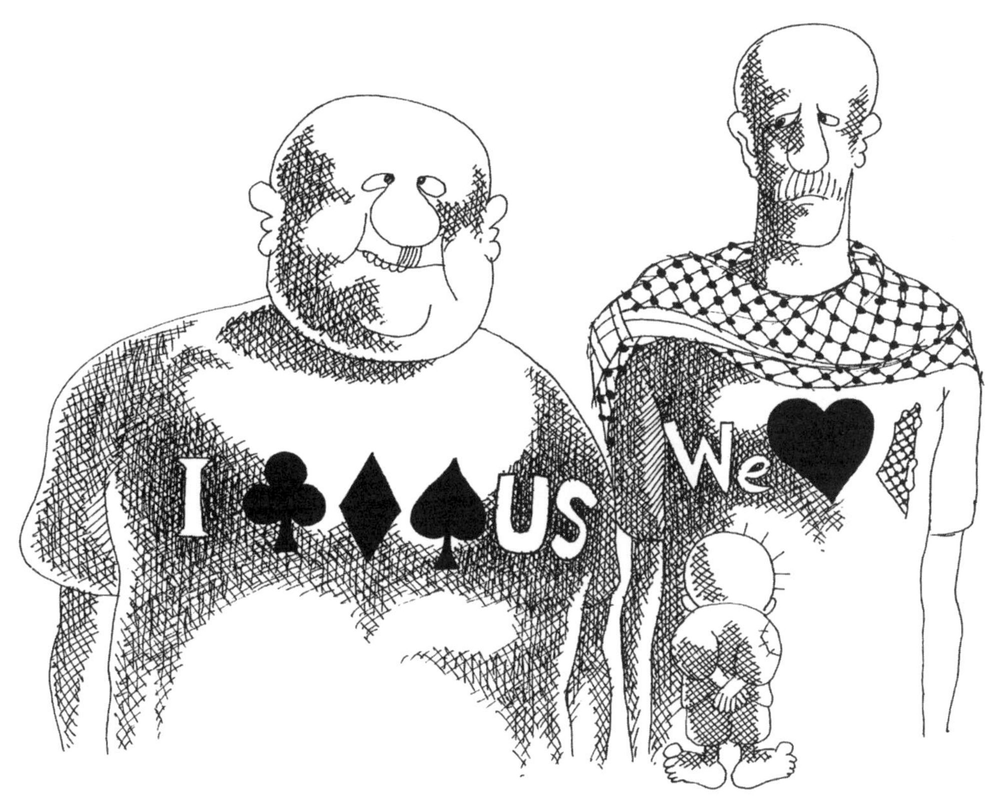

아랍 세계의 지배 엘리트들은 미국에 충성을 다짐한다. 아랍의 길거리에는 그런 상황을 우려하며, 팔레스타인을 사랑한다는 낙서가 쓰여 있다. [왼쪽 팔레스타인 사람이 입은 티셔츠에 그려진 지도가 팔레스타인 땅이다.] (1984년 10월)

(오른쪽에서 왼쪽으로) 아랍 사회계와 정치계의 이기적인 엘리트들은 팔레스타인 사람들의 무장 저항에서 비롯된 이익을 재빨리 이용하지만, 적절한 때가 되면 팔레스타인 무장 저항을 미련 없이 운명에 맡겨 버린다. (1983년 7월)

성경에서 살로메● 이야기를 인용한 만평. 한 벨리 댄서가 '쿠피예'를 쓴 채 참수당한 자유의 투사의 머리가 담긴 쟁반을 머리에 얹고, 환희에 젖은 이스라엘에게 가져가 대접한다. (1983년 9월)

팔레스타인 게릴라가 체크무늬의 '쿠피예'를 저항의 상징으로 쓰고 있다. 서구 세계와 거래하며 축재하느라 바쁜 아랍 세계의 엘리트들은 똑같은 무늬를 신분의 상징으로 이용한다. (1984년 4월)

등에 칼을 맞다 : 아랍 산유국의 지배자들은 이스라엘과 화해하기 위해서 팔레스타인 자유의 투사들을 배신한다. (1981년 8월)

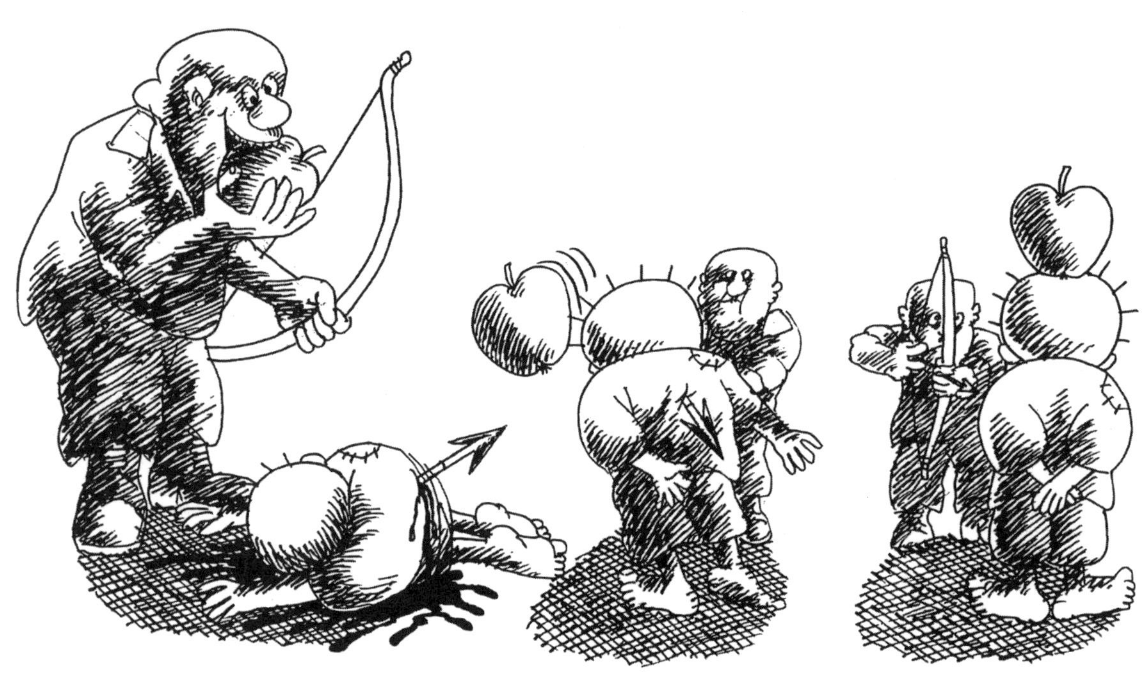

(오른쪽에서 왼쪽으로) 윌리엄 텔 흉내 내기 : 한 아랍 지도자가 팔레스타인 국민을 상징하는 한잘라에게 자기의 활 솜씨를 믿으라고 말한다. 그는 일부러 실수해서 한잘라의 심장을 맞추고는, 한잘라가 죽어 가는 걸 지켜보며 사과를 주워 우적우적 씹어 먹는다. 이 만평은 알 알리가 암살당하기 수개월 전에 그려진 것이다. (1987년 4월)

인고의 삶을 살아온 팔레스타인 어머니들이 철조망을 봄꽃으로 바꿔 놓으며, 인티파다에 가담한 아이들을 응원한다. 인티파다가 일어나기 수년 전에 알 알리는 인티파다의 가능성을 예언했다. (1982년 3월)

إنتفاضة
الضفه وغزه
!!

웨스트뱅크와 가자 지구의 인티파다 : 끝없는 고통을 상징하는 그리스도가 이스라엘 점령군의 엉덩이를 걷어차며 반격한다.
(1986년 12월)

팔레스타인 아이들이 이스라엘의 로드롤러(road roller, 끝없는 땅의 압류와 몰수, 불법적인 정착촌 건설을 상징한다)에 돌을 던진다. 그러나 아랍 세계의 지배자들은 로드롤러 뒤에 숨어 앞으로 밀고 있다. (1987년 2월)

고향 땅에 깊이 뿌리내린 여자들과 심지어 소녀까지, 이스라엘 군인들과 비열한 아랍 엘리트들을 몰아낸다. (1984년 3월)

십자가에 못 박힌 예수 그리스도가 돌을 던지며 인티파다를 응원한다. (1982년 4월)

황량한 땅에서, 팔레스타인 국기를 쥔 반항적인 손이 돌바닥을 뚫고 나온다. 새봄이 도래했음을 의미한다. (1982년 3월)

147 ● 살로메 : 신약 성경에 나오는 유대 왕비 헤로디아의 딸. 헤로디아가 헤롯 왕의 동생 필립과 이혼하고 헤롯과 결혼하자, 세례자 요한은 이것이 유대 율법에 어긋난다고 반대했다. 살로메는 어머니 헤로디아의 요청으로 의붓아버지 헤롯 왕 앞에서 춤을 췄고, 그 상으로 요한의 목을 베어 접시에 담아 달라고 청했다.

옮긴이의 글

만평의 힘

1948년 나라를 빼앗긴 팔레스타인 국민에게 '누가 당신의 애환을 달래주었는가?' 라고 묻는다면 결코 빠지지 않을 사람이 시사만평가 나지 알 알리일 것이다. 이 이름은 우리나라에 거의 알려지지 않았지만, 그가 창조해 낸 주인공 '한잘라' 는 아랍 세계만이 아니라 유럽과 미국의 대도시 벽에도 크게 그려져 있을 정도로 바깥세상 에는 유명하다. 알 알리는 이스라엘의 만행만을 겨냥해 풍자하지 않았다. 오히려 그가 비판하며 풍자한 사람은 아랍 세계의 지배자들과 엘리트 계급이었다. 그래서 그가 1987년 7월 런던에서 암살당했을 때 이스라엘의 모사 드만이 아니라 팔레스타인해방기구까지 의심받았지만, 25년이 지난 지금까지 범인은 밝혀지지 않았다.

한잘라는 허름한 옷을 입고 거의 언제나 뒷짐을 진 모습으로 그려진다. 알 알리는 한잘라를 "언제나 팔레스 타인 민중의 마음을 정직하게 대변하는 팔레스타인 사람" 으로 그리고 싶어 했다. 그 때문인지 팔레스타인 사람 들은 "한잘라는 팔레스타인 국민을 대표합니다. 한잘라가 바로 우리입니다" 라고 말한다. 100여 편의 만평을 모 은 이 책에서 우리는 단 다섯 곳에서 한잘라의 옆 얼굴과 앞 얼굴을 볼 수 있다(39, 92, 100, 116, 119쪽). 레바논 내전으로 죽음을 맞은 무슬림과 기독교 희생자들을 추념하는 나팔을 불며 눈물을 흘리는 모습에서 한잘라는 옆 얼굴을 우리에게 보여 준다(116쪽). 또 폐허 속에서도 새로운 잎이 돋는 희망을 북돋우는 모습에서 한잘라는 비장한 앞 얼굴을 보여 준다(119쪽).

전반적으로 결코 유쾌하지 않은 만평이다. 가난과 눈물, 폭탄과 절단 난 몸뚱아리가 난무하는 어두운 만평이다. 그러나 팔레스타인의 역사를 잘 모르는 사람에게 팔레스타인 난민들의 상황을 어떤 글보다 가슴에 와 닿게 전해 주는 그림들이다. 신영복이 《처음처럼》에서, 글은 공간적 제약으로 갇히기 마련이므로 "언어의 관념성과 경직성이 그림으로 하여 조금은 구체화되고 정감적이기 되기를 바란다"라고 말했듯이, 알 알리의 만평은 글보다 훨씬 강력하게 독자의 심금을 울린다.

충주에서

강주헌